Endlich Feierabend!

Cartoons zum **RUHESTAND**

Mit Cartoons von:

Renate Alf, Stephan Baumgarten, Peter Butschkow, Steffen Butz,
Miguel Fernandez, Markus Grolik, Michael Holtschulte, Olga Hopfauf,
Petra Kaster, Norman Klaar, Dorthe Landschulz, Dennis Metz.

Lappan

Ehemaliger Lehrer scheitert bei der Baumerziehung.

11

DEUTSCHLAND 2073

Rentner mit vergleich-
baren Bezügen wanderten
in folgende Länder aus:

SEIT GOTT SICH AUS DEN OPERATIVEN GESCHÄFTEN
ZURÜCKGEZOGEN HAT, VERBRINGT ER VIEL ZEIT
MIT SEINEM HUND.

Ursel arbeitete noch ehrenamtlich beim Sorgentelefon.

Der Ruhestand bekommt nicht jedem.

Es ist wichtig, auch im Ruhestand aktiv zu bleiben. Schaffen Sie sich z.B. einen Hund an.

44

Die, die nicht loslassen können.

Ehrenamtlich

51

Rentnerstress

60

**Letzter Schritt vorm Ruhestand:
Den Nachfolger einarbeiten!**

Hilde musste sich kurz vergewissern:
Nein! Sie vermisste ihre Arbeit nicht!

EIN MEETING JAGTE DAS ANDERE – ICH HABS EINFACH NICHT FRÜHER GESCHAFFT!
P. KASTER

90

IST BESTIMMT SUPER ALS RENTNER! WAS MACHST DU MIT DER VIELEN ZEIT?
ICH VERBRINGE SIE IN WARTEZIMMERN VON ARZTPRAXEN.
FERNANDEZ

FREIZEIT-TIPP:
PFLEGEN SIE RITUALE.

ICH ZAHLE NUR MIT
KLEINGELD AN DER KASSE!

IKebana

WENN MAN NIX MEHR TUT,
MUSS MAN DEN GANZEN TAG
AUF DIE FIGUR ACHTEN.

101

Renate Alf, 1956 in Göttingen geboren. Ausbildung zur Lehrerin. Seit 1983 als Cartoonistin tätig. Zahlreiche Buchveröffentlichungen im Lappan und Herder Verlag. Lebt in Weimar.
renatealf.de
S. 14, 24, 34, 50, 56, 66, 70, 75, 84, 89, 98.

Stephan Baumgarten, 1981 in Niedersachsen geboren. Lebt und arbeitet heute in Osnabrück. Er arbeitet als Cartoonist und Illustrator, schreibt und inszeniert Stücke im ersten unordentlichen Zimmertheater Osnabrück. Seine Bücher erscheinen u. a. im Lappan Verlag.
stephan-baumgarten.com / baumhopf.com
S. 35, 40, 44, 54, 60, 86, 99.

Peter Butschkow, 1944 in Cottbus geboren, lebt heute in Schleswig-Holstein. Veröffentlicht in diversen Zeitschriften und Zeitungen. Autor von über 150 Büchern und Kalendern.
butschkow.de
S. Covercartoon, 7, 28, 45, 48, 55, 58, 67, 80, 97.

Steffen Butz, Jahrgang 1964, lebt als Cartoonist und Illustrator in Karlsruhe. Seine Bärencartoons erschienen u. a. in *stern*, *Freundin*, *Mein Eigenheim*, *Nebelspalter* und *Die Rheinpfalz*. Zahlreiche Buch- und Kalenderveröffentlichungen.
instagram.com/steffen.butz
S. 15, 25, 41, 64, 71.

Miguel Fernandez, 1974 bei Hannover geboren, zeichnet seit 2005 Cartoons und Illustrationen, seit 2006 sogar vorzeigbar. Zahlreiche Buchveröffentlichungen.
miguelfernandez.de
S. 11, 23, 27, 53, 78, 88, 94, 101.

Markus Grolik, 1965 in München geboren. Seit 1995 als freier Zeichner und Autor tätig für diverse Verlage und Agenturen. Veröffentlicht regelmäßig im *Nebelspalter*, *Eulenspiegel*, *SZ*, *Südkurier*, *MSN*, *gmx* u.a.
markus-grolik.de
S. 10, 16, 29, 38, 47, 57, 68, 74, 92.

Michael Holtschulte, Jahrgang 1979, lebt und arbeitet als Cartoonist und Illustrator in Essen. Zeichnet für zahlreiche Zeitungen und Magazine. Seine Cartoons sind wöchentlich auf *totaberlustig.de* zu sehen.
S. 12, 36, 51, 61, 69, 76, 96, 102.

Olga Hopfauf, 1984 in Kasachstan geboren, in Deutschland aufgewachsen. Lebt und arbeitet als freiberufliche Illustratorin in Osnabrück. Außerdem inszeniert sie selbst geschriebene Theaterstücke, organisiert Ausstellungen und Zeichnertreffen.
hopfauf.de
S. 6, 19, 31, 49, 59, 73, 85, 91, 104.

Petra Kaster, 1952 in Mülheim an der Ruhr geboren. Lebt und arbeitet in Mannheim. Trickfilmautorin, Veröffentlichungen in diversen Zeitschriften, Zeitungen (u. a. *Eulenspiegel* und *Nebelspalter*) und Büchern.
petrakaster.de
S. 8, 17, 22, 30, 33, 43, 63, 77, 79, 83, 90, 105.

Norman Klaar wurde 1980 im wunderschönen Rheinland geboren, direkt zwischen der damaligen Hauptstadt Bonn und der Domstadt Köln. Heute schreibt er Bücher für Kinder und Erwachsene und kritzelt Cartoons.
S. 13, 21, 26, 52, 65, 72, 87, 95, 100.

Dorthe Landschulz studierte in Hamburg und Paris Illustration. Sie lebt in der Bretagne, zeichnet Cartoons u. a. für *Titanic*, *taz*, *Eulenspiegel*, *Tierwelt Schweiz* und seit 2019 wöchentlich für den *stern*. Sie gewann Preise und hat mehrere Bücher veröffentlicht.
facebook.com/EinTagEinTier
S. U4, 9, 20, 32, 37, 42, 46, 81, 93, 103, 106.

Denis Metz heißt eigentlich Denis Metz, Jahrgang 1974, zeichnet Cartoons. Schon immer. Lebt auf der Nordseeinsel Baltrum und erzählt dort den Lachmöwen dreckige Witze.
schnabulak.de
S. 4, 18, 39, 62, 82.

Mehr Spaß im Ruhestand!

978-3-8303-6393-4

978-3-8303-4537-4

978-3-8303-6382-8

978-3-8303-4490-2

Wir produzieren nachhaltig
- Klimaneutrales Produkt
- Papiere aus nachhaltigen und kontrollierten Quellen
- Hergestellt in Europa

FSC
www.fsc.org

MIX
Papier | Fördert
gute Waldnutzung
FSC® C002795

1. Auflage 2023

– Originalausgabe –

© 2023 Lappan Verlag in der Carlsen Verlag GmbH,
Oldenburg / Hamburg

Alle Rechte vorbehalten. Das Werk darf – auch teilweise –
nur mit Genehmigung des Verlags
wiedergegeben werden.

Cartoons von: Renate Alf, Stephan Baumgarten, Peter Butschkow,
Steffen Butz, Miguel Fernandez, Markus Grolik, Michael Holtschulte,
Olga Hopfauf, Petra Kaster, Norman Klaar, Dorthe Landschulz, Dennis Metz

Lektorat: Jana Legal
Herstellung: Ralf Wagner

ISBN 978-3-8303- 3662-4

Folgt uns! facebook.com/lappanverlag
Instagram.com/lappanverlag
www.lappan.de